VIE

DE

LOUIS PHILIPPE,

EX-ROI DES FRANÇAIS.

DÉTAIL PRÉCIS DE SES TURPITUDES

Et quelques réflexions sur les

FRIPONNERIES DE SON PÈRE.

ÉDITION

Revue, corrigée et augmentée.

Prix 50 centimes.

DÉPOT A LYON,
Rue d'Egypte 2, aux Célestins.

1848,

RÉPUBLIQUE
FRANCE
MANCHE
ANGLETERRE

VIE

DE

LOUIS PHILIPPE,

EX-ROI DES FRANÇAIS.

Après 17 ans d'un règne aussi avilissant pour la France, nous respirons donc un air plus pur ; grâce au peuple nous sommes aujourd'hui débarassé de ce système de corruption qui nous empoisonnait de tous côtés, Puisque la parole et la presse sont libres, le meilleur but à leur donner est d'éclairer le peuple sur cet homme qui vient de fuir du côté de l'Angleterre, afin que si quelque jour il tentait de reprendre son trône, nous puissions lui témoigner nos véritables sentiments.

Je ne parlerai point ici de l'assasinat du duc de Condé qu'on aurait cependant le droit de lui reprocher. Mais au moins la vie de cet homme infâme, appartient aujourd'hui à l'histoire, et fidèle à mon rôle d'impartialité qui doit distinguer surtout l'historien, je dois écarter tous les faits sur lesquels existe une apparence de doute, je ne veux parler ici que de ce qui peut être attesté par vingt milles personnes. Avant de parler de lui je vais dire quelques mots de cet homme dont il disait à MM. Laffite, Arago et Odilon Barrot, le 6 juin 1852. Mon père était un honnête homme, ses intentions étaient pures comme les miennes.

Philippe d'Orléans commença sa carrière en affamant Paris et en défendant aux boulangers des faubourg Saint-Antoine et Saint-Marceau, de cuire, sous peine de la vie; lorsque Maillard entra dans l'assemblée nationale à la tête d'une députation de femmes , son digne fils hurlait d'une tribune, de toute la force de ses poumons : *des lanternes! des lanternes! oui, oui! il faut des lanternes!* Pendant les quarante-huit heures que dura cette expédition, on vit continuellement son père au milieu des *coupes-jarrets,* tantôt sous un costume, tantôt sous un autre, leur distribuant de l'argent, et les excitant à l'escalade du château de Versailles et à l'assassinat de Louis XVI et de toute sa famille, pour en finir *d'un coup*, avec tous ceux qui l'éloignaient du trône? — Ces faits sont consignés partout! dans le souvenir des personnes qui en furent témoins et qui vivent encore ; dans tous les mémoires de l'époque; et , si ces preuves ne suffisent pas , je rappellerai qu'Henri *Larivière* les reprocha au père , de la tribune de la Convention, dans la séance du 19 décembre 1792, et que Philippe , bien loin de crier à la calomnie, avoua hautement qu'il s'en glorifiait!

Ce que je dis des journées des 5 et 6 octobre s'applique également à la journée du 20 juin. Mais, cette fois d'Orléans aussi lâche que scélérat, n'osa payer de sa personne : ayant donné ses dernières instructions, il alla se cacher loin du champ de bataille ; il poussa la précaution jusqu'à ordonner à son écuyer Farrer de lui tenir sur la côte, une corvette prête à le transporter en Angleterre dans le cas où les choses tourneraient mal.

Ce fut ce même Philippe d'Orléans, l'ordonnateur des journées des 5 et 6 octobre qui, avant l'ouverture des états-généraux, ne visait à rien et ne s'occupait que d'orgies, sachant bien qu'un prince n'a rien de mieux à faire. — Ce fut son père qui, avant cette époque, bravait l'opinion et tenait chez lui des brelans, où ses adroits compères Laclos et Voidel *faisaient sauter la coupe et filer la carte.* Ce prince qui, jusqu'en 88 fut le traitant de Paris le plus juif et le plus arabe, prêtant sur gage aux jeunes gens de famille, et, prétendant comme *Turcaret* et comme son digne fils, qu'il vaut mieux prêter sur gages que de prêter sur rien;—Son père qui, lorsque sa brave et digne épouse, l'engageait à respecter au moins les apparences, lui donnait toujours cette même réponse : *je ne donnerais pas trente sous de l'opinion publique* Orléans, dis-je, n'enten

dit pas plutôt parler de la convocation des états-
généraux ; qu'il se mit promptement en mesure
de capter cette opinion publique dont il avait
toujours fait si peu de cas. Alors, rien ne lui
coûta pour filouter l'estime des Parisiens, et faire
taire le mépris que lui avait mérité ses mœurs in-
fâmes et ses nombreuses escroqueries : distributions de comestibles, de bois, de vêtements ; il
pensa à tout !

Toutefois, on ne doit pas avoir oublié qu'il es-
camota sa patente de philantrope aux dépens de
plusieurs curés de Paris, leur écrivant à tous par
la voie des journaux, il les pria de pourvoir *en
son nom* à tous les besoins des familles nécessi-
teuses de leurs paroisses respectives, promettant
d'acquitter les comptes à présentation : — Et no-
nobstant cette promesse solennelle, ils les écon-
duisit sous différents prétextes lorsqu'ils les lui
présentèrent, et que plus tard, pour se débaras-
ser de leurs réclamations, il les menaça par lettres anonymes de les faire *lanterner* s'ils ne se
taisaient pas !

L'on ne peut dire que Philippe ne pouvait
être complice de son père, on le voit d'après son
âge et les lettres qu'il lui écrivait.

Notre ex-roi, dès le premiers jours de 89, *orga-
nisa le club des enragés*, composé de l'écume de
Paris, dont ils se servirent pour mettre *à sac la*

maison Réveillon, pour organiser des rassemble-
ments à la porte des boulangers, et pour vocifé-
rer dans les tribunes de l'assemblée nationale?.
son père, spéculant en 89 sur les angoisses de la
faim, calcula froidement dans son âme de prince,
ce qu'une famine générale pourrait produire de
désordre, de sanglants désespoirs et d'insurrections; ce qu'elle amasserait de haine sur la tête
de Louis XVI et contre son gouvernement, et de
combien de degrés cet horrible fléau le rappro-
cherait du trône ! Pour consommer son exécrable
projet d'ambition *trôneuse*, il acheta ou fit ache-
ter presque tous les blés de France, dont il rem-
plit les greniers d'Edimbourg, de la nouvelle Angleterre et de Guernezey? non content d'avoir
livré **25** millions d'habitants aux horreurs des
premiers besoins par l'accaparement et l'exporta-
tion des céréales, il fit encore incendier une
quantité considérable de moulins?... Il envoya à
Rouen un nommé Bordier, porteur de *trente
mille francs* destinés à cet infernal usage? plus un
nommé Jourdain, porteur de *mille louis*, avec la
mission d'exciter au pillage des magasins de farines et à l'avarie des bateaux de blés?... il fit assassiner Châtel, maire de Saint-Denis, parce que
cet homme courageux cherchant la cause de la
disette, annonça qu'il était sur la trace de *l'ac-
capareur*, et que, *quelque fut son rang*, il le dé-
masquerait !...

Puisque j'en suis à ses assassinats, est-il né-
cessaire de remémorer celui du banquier Pinet?
Ce digne prince pour suffire à ses accaparements
et à la solde de ses bandits, avait été obligé de
s'endetter considérablement. A *Pinet seul*, il
devait plus de 15 millions dont il se libéra en
lui volant son porte-feuille et en l'assassinant?...
Quoique cette affaire soit parfaitement conuue,
je veux cependant rappeler comme quoi Philippe,
connaissant le caractère peureux de Pinet, fit
faire une émeute dans sa rue et lancer des pier-
res à ses croisées; comme quoi profitant de l'é-
pouvante de Pinet, il le manda au palais royal et
l'engagea à mettre au moins sa fortune en sûreté;
comme quoi Pinet, sans défiance, alla chercher
son porte-feuille, contenant pour 54 *millions de
valeurs*, qu'il confia au traître contre un simple
récépissé; comme quoi, trois mois après cette re
mise, Pinet ayant demandé vingt fois son porte-
feuille sans pouvoir l'obtenir, reçut à la fin une
lettre de ce monstre, qui lui annonçait que le
portefeuille était à Passy et qu'il vint le retirer
muni du *récépissé*; comme quoi Pinet arrivé à
Passy, lui demanda s'il avait le *récépissé*, et
sur sa réponse affirmative, le renvoya chez *Bazin
au Vésinet* où il trouverait son portefeuille; comme
quoi Pinet partit dans une voiture de Philippe
avec un de ses gens, et comme quoi, arrivé au

bois *Vésinet, des assassins, revêtus de la livrée de la reine,* lui ordonnèrent de descendre de voiture, lui tirèrent un coup de pistolet dans la tête, puis le voyant mort, le fouillèrent et lui prirent son *récépissé,* qu'ils apportèrent au duc en réclamant *la récompense promise !...*

Le cadavre de ce malheureux était à peine froid, que déjà, pour avancer leurs affaires, ils méditaient un autre crime. Malgré leurs accaparements, malgré leurs incendies de moulins et de meules de blés, on mangeait encore du pain à Paris, bien mauvais à la vérité, et en bien petite quantité, mais enfin on en mangeait. *Cela ne pouvait pas leur convenir à eux qui ne voulaient régner que sur des cadavres !* Ordre donc aux boulangers de fermer leurs fours. Tous ou presque tous obéirent. *François* (ce nom là doit être connu !) ne tint compte de la défense, et comme d'habitude fit ses dix fournées. — *François,* arraché de son domicile par leurs hommes, est traîné à la grève ; là on lui coupe la tête qu'on met au bout d'une pique ; puis, pour que pas un boulanger n'ignore ce qu'il en coûte de vous désobéir, la tête de ce malheureux est présentée à tous ses confrères, couverte d'un bonnet blanc que l'un d'eux a été obligé de fournir. On ne s'en tient pas là, on porte encore cette tête en grande pompe chez un homme passant pour connaître l'affaire Pinet, et on vocifère ces cris, en la lui mettant sous le nez : *Malheureux, tu connais l'affaire Pinet !!!...*

Le résultat de cette journée fut tel que l'on devait l'attendre : tous les boulangers fermèrent boutique et se sauvèrent. Ce dût être un moment bien doux pour les âmes de ces tigres, quand ils virent le peuple réduit à mourir de faim ! quel bonheur ! qu'elle allégresse ! en ouvrant seulement un de leurs greniers, ils réalisaient d'immenses bénéfices, et le peuple les saluait des noms de libérateurs et les nommait ses rois...

Sans parler des pleurnicheries du père aux pieds de Louis XVI, et de sa prétendue mission en Angleterre, je veux prouver que le fils marchait tout seul et sans lisière dans la voie du crime.

Il n'entre pas dans mon cadre d'insister longuement sur la scène qui se passa chez le comte de Montmorin, relativement aux journées des 5 et 6 octobre, et à l'accaparement. Cependant je dois rappeler en substance que Philippe, fortement accusé par ce ministre, niait tout avec une audace imperturbable, quand tout-à-coup la scène changea par l'apparition subite de Lafayette qui, caché dans un cabinet, ne put contenir plus longtemps son indignation. — Après avoir reproché au duc tous les crimes dont il s'était déjà rendu coupable ; il lui demanda quelle justification il avait à opposer à telle pièce qu'il lui mit sous les yeux ; à cette vue Philippe se troubla , et Lafayette ne pouvant maîtriser le sentiment qu'il lui inspirait, lui lança un regard de mépris , et accompagna ce regard d'un geste menaçant. Pour le coup, le duc, si brave, si courageux au milieu de ses assassins, perd connaissance et tombe dans un fauteuil. Revenu de son évanouissement, Lafayette lui signifie de se rendre chez le roi, et d'obéir ponctuellement aux ordres qu'il en recevrait !

Après avoir vu toutes leurs manœuvres déjouées, après avoir en vain soufflé l'anarchie en excitant de tous les côtés les pillages et les assassinats ces princes dont on pourra à juste titre dire tel père tel fils. On les voit courir à la barre de l'assemblée législative affublé des sabots ferrés et du bonnet rouge du sans-culotte, et là jurer haine et mépris aux rois et à la royauté.

Trop faibles pour attaquer de front la République , ils vont ramper à ses pieds pour capter sa confiance ; bien convaincus, que plus ils se rapetisseront, moins ils trouveront d'obstacles à leur but. Ils jettent à la voierie leurs duchés et leurs principautés, en demandant au peuple la permission de prendre le modeste nom d'Egalité.

J'observerai donc en passant que la *société des*

Jacobins s'établit en l'absence du père, et qu'il en fut un des fondateurs ; j'observerai encore que s'emparant tous les jours de la tribune, *il vomissait contre les aristocrates et les feuillants de l'époque, les plus graves injures,* — j'observerai de plus, que les basses flagorneries dont il poursuivit Collot-d'Herbois et le chaud semblant de son patriotisme le poussèrent au comité de présentation et d'épuration, et qu'en cette dernière qualité, *il fit chasser de la société Lafayette et Bailly...*

Grâces à ces épurations, la société des Jacobins se trouva bientôt composée de ses plus dévouées créatures : les Laclos, les Fournier, les Défieux, les Saint-Hurugues, etc. alors l'idée leur vînt de former à l'aide de ce noyau une infinité d'autres sociétés correspondantes poussant comme eux à la roue de l'insurrection. Pour jouer encore plus serré, il parut important de gagner l'armée. En conséquence *la Théroïgne de Méricourt, l'Angélique Voyer, la Sillerie* SA SOEUR et quelques filles de résolution, furent chargées de flâner dans les casernes et d'agacer les soldats par quelques complaisances et par force distributions d'argent. Le régiment de Flandres, et celui des gardes françaises, ne résistèrent pas à leurs séduisantes amorces, et dans beaucoup de villes de province, les mêmes moyens amenèrent les mêmes résultats.

Au retour de Varennes, Laclos avait tenté de faire proclamer au Champ-de-Mars, la déchéance de Louis XVI, et l'érection du père ; mais le peuple veillait, et il en fut pour la honte. Cependant leurs émeutes, leurs insurrections, leurs menées, leurs accaparements diminuaient tous les jours la puissance de Louis, leurs émissaires demandaient sourdement un changement de dynastie; pour eux, confiants dans la secousse que leur *famine, leurs vols, leurs assassinats et leurs brigandages* avaient imprimé au trône, ils attendirent qu'il croulât, pour le reconstruire, comme ce temple du Mexique, des ossement de tous les citoyens égorgés par leurs ordres...

Toutefois les ruses et les crimes tournèrent contre eux-mêmes. Le 10 août qui, suivant eux, devait leur donner tout, leur enleva tout. D'après leurs petits calculs, Louis XVI abattu, il ne leur restait qu'à prendre sa place : en cela, ils se trompaient étrangement : Barbaroux et ses Marseillais, l'assemblée législative et la partie saine du peuple étaient en garde contre leurs machinations; aussi échouèrent-elles devant leur patriotique probité.

A leur grand dépit donc, la question de la royauté fut renvoyée *à l'examen du peuple* dans les assemblées primaires ; dès-lors leur procès fut perdu ; car pour escroquer la France en 92, il fallait ce qu'ils n'avaient pas , et que le fils avait si bien en 1850 : *des fripons assez éhontés pour oser faire acte exclusif de souveraineté , et assez peu effrayés du mépris des peuples et l'exécration de la postérité...*

Quand au fils quel est le témoin occulaire et il en reste encore plus d'un qu'il pourra nier. Le père , criblé de dettes et ne sachant plus où prendre de l'argent pour solder *ses hommes* , se ressouvînt tout-à-coup de Mad. de Lamballe qui , depuis les journées des 5 et 6 octobre, lui avait *défendu* sa porte, et dont il devait *hériter* de trois cent mille livres de rente , ÉTAIT A L'ABBAYE?..... il l'arrachât à l'humanité de Manuel, procureur de la commune, pour la faire déchirer en morceaux par *Rotondo*, son confident et son ami ? sa tête lui fut présentée au bout d'une pique , et à la vue de ce sanglant trophée il claqua vivement des mains?...

Eh bien! Philippe, cette voie de l'histoire que tu as cherché à étouffer sous des verroux, par des assassinats, dignement secondé par tes amis Gisquet, Chégaray, Persil et Demungeaux, tu l'entendras aujourd'hui détroné, exilé et cependant assez vil encore à nos yeux pour nous forcer à te dire la vérité, car chez presque tous les hommes le malheur les rehausse , tandis que que toi il t'avilit encore, eh bien ! cette voie de l'histoire voilà ce qu'elle te dira, voilà le verdict qui par sa bouche passera à la postéri'é.

Elle te reprochera tes motions incendiaires aux Jacobins et aux Cordeliers ! Tes bassesses auprès des électeurs de Sarreguemines pour te faire nommer représentant du peuple à la Convention ; mais repoussé par tes électeurs, il fut décidé entre ton père et toi que tu resterais aux armées où tu pourrais être fort utile à la cause, pendant que ton père gagnait quelques membres de la Convention, allumait le flambeau de la discorde dans les sociétés populaires, et relançait la tourbe de ses écrivassiers ; Philippe, *citoyen-égalité, général de l'une des divisions de l'armée du Nord*, jouait constamment le plus bouillant sans-culotisme aux yeux des soldats placés sous ses ordres, afin de mieux les séduire quand le temps serait venu ! parlons aussi de ses fréquentes absences de l'armée et de ses fréquentes apparitions aux Jacobins, où il ne manquait pas d'embrasser bien patriotiquement *ses frères et amis Chabot, Gusman, Fournier, Péreyra, Lajouski, etc., etc.!...*

Mais ce n'est pas tout : dans la séance du 16 décembre 1792, la Convention sur la motion de *Buzot,* appuyé par *Louvet* et *Lanjuinais*, décréta que tous les Bourbons (excepté ceux détenus au temple) sortiraient sous trois jours de Paris, et sous huit jours, du territoire de la république ;

ce décret fut rendu dans la certitude que leur FAMILLE ÉTAIT LE FOYER , LA CAUSE DE TOUS LES TROUBLES QUI DÉSOLAIENT LA RÉPUBLIQUE, *Guadet* ne les ménagea pas dans cette occasion , et le lendemain à sept heures du matin, il reçut, à sa grande surprise, la visite du père, lequel lui demanda , *en protestant que sa renonciation à la royauté était bien sincère, s'il avait des craintes sur lui, de s'expliquer franchement;* à quoi *Guadet* répondit : *Vous me priez de m'expliquer franchement ; vous n'aviez pas besoin de m'en prier pour que je le fisse,* JE CONNAIS VOTRE NULLITÉ , ET S'IL N'Y AVAIT QUE VOUS , JE NE VOUS CRAINDRAIS PAS ; *mais je vois derrière vous des hommes qui ont besoin de vous, et mes craintes sont grandes. Vous avez un moyen bien simple de les faire cesser : demandez vous-même à la Convention nationale un décret qui vous banisse de la république , vous et votre famille, et* QUI VOUS EN BANISSE AU MOINS D'UNE MANIÈRE PLUS HONORABLE ; — trois jours après, le 19 du même mois, le père recruta une bande de pétitionnaires armés qui vinrent ordonner à la Convention de rapporter le décret... et que la Convention, après une scène fort orageuse entre ses partisans et les républicains, rapporta ce décret.

Le Père et le fils furent les *boute-feux* de cette vermine qui tous les jours avilissait la Convention, soit en lui intimant l'ordre de décerner des récompenses aux tueurs de septembre, soit en lui demandant impertinemment le rapport de tel ou tel décret? le fils vint à Paris avec Dumourier, le 14 janvier 1793, où ils firent entrer furtivement plusieurs milliers d'hommes armés, à l'aide desquels ils espérait dissoudre la Convention, et se camper sur le trône le jour même que la hache frapperait Louis XVI ; mais dépisté encore une fois il repartit le 23 avec Dumourier, toutefois après être convenu avec son père qu'il s'opérerait un mouvement contre les Girondins, chose d'autant plus facile que le peuple ne les aimait pas ; qu'alors maître de l'armée par *Valence*, *Biron*, *Menoux*, *Dumourier*, tous vendus à ses projets, Philippe saisirait ce prétexte pour marcher sur Paris et ressusciter la royauté?

Mais bientôt le masque du père et celui du fils vont tomber ; bientôt se dépouillant de leur nom d'égalité, déshonoré par une masse de crimes, — Ils se replâtreront de leur nom de d'Orléans, non moins infamant, non moins abjecte ; —bientôt enfin, jetant au loin leurs carmagnoles et leur sanculotisme d'emprunt, ils montreront à nu leurs âmes de prince... Philippe doit savoir qu'il est plus facile *de tordre le col à un viellard de 77 ans* que d'anéantir tous les témoins de sa honte ; car, si il lui importait de raffler 60 millons par un *jeu de cordon*, il lui importait bien davantage encore de faire disparaître de nos bibliothèques tant de feuilles impassibles qui déposent contre lui ; — la preuve : c'est qu'il entrait en fureur quand on lui citait le *Moniteur*, quand on en appelait de son périlleux témoignage, au témoignage de l'histoire, au témoignage de toute la France de 93 !!!...

Il serait trop long d'énumérer toutes ses turpitudes. Mais voici en peu de mots tout ce que l'on peut dire sur son compte.

« Je t'accuse d'avoir combiné tes opérations militaires avec le *guet-apens* de ton père contre les Girondins, effectué le 10 mars 1793 , arrêté le 21 janvier , *en préparant des défaites aux armées de la république et en évacuant la Belgique* afin de se trouver plus près de Paris pour opérer ton coup-de-main contre la Convention ; »

« Je t'accuse encore d'avoir calomnié l'armée, malheureuse victime de ton ambition , en rejetant sur une prétendue indiscipline des soldats , la déroute de *Nerwinde* , quand tu sus que la mine de ton père avait été éventée : »

« Je t'accuse toujours, d'avoir, enfin, jeté ton masque en déclarant insolemment à la France qu'elle était gouvernée *par trois cents imbécilles et par quatre cents scélérats ; que tu avais résolu de changer cet état de chose ;* QUE LE PAYS NE POU-

VAIT ABSOLUMENT SE PASSER D'UN ROI ; *que Dumou-*
rier lui en donnerait UN *avec la constitution de*
91 , toute vicieuse qu'elle fût ; QUE LA RÉPUBLIQUE
ÉTAIT UNE CHIMÈRE ; QUE TU PLEURAIS VALMY ET JEM-
MAPES *et toutes les victoires que tu avais obtenues*
pour une si mauvaise cause ; QUE TU ALLAIS
MARCHER SUR PARIS *pour faire cesser l'anar-*
chie, le brigandage , le républicanisme et le san
culotisme , etc. , etc. ; »

« Enfin , Philippe , je t'accuse **D'AVOIR DÉ-**
SERTÉ AVEC ARMES ET BAGAGES, LE JOUR
MÊME D'UNE BATAILLE, *traînant sur une terre*
étrangère , contre tous les droits des gens, quatre
conventionnels qui, au nom de la France, venaient
te demander compte de ta conduite ; et non con-
tent de déserter , D'AVOIR CHERCHÉ A FAIRE PASSER
TOUTE L'ARMÉE FRANÇAISE A L'ENNEMI ; *car ce n'est*
pas ta faute, si un seul escadron dès hussards de
Berchigny partagea ton infamie !!!

A cette accusation capitale, écrite partout, en-
registrée partout, que répondras-tu ? C'est donc
ainsi , vil charlatan , que tu servis ton pays? tu
ne mendias donc des armes de ta patrie que pour
l'égorger?... Et parce que, couronnant tous tes
forfaits par un plus grand, tu es sorti de ta fange
pour te vautrer sur un trône, d'où le peuple a
su te faire descendre, je ne te clouerais pas au
front l'écriteau de ton infamie?.... Je te le cloue,

misérable ! et désormais le peuple lira : *voilà l'ex-sanculotte égalité ?* VOILA L'INFAME !!!!...

Eh ! oui, dira le peuple : voilà bien ce lâche déserteur , cet effronté coquin , qui, prenant tous les masques , jouant tous les rôles, fut tour à tour le plus rampant ou le plus audacieux scélérat; aujourd'hui royaliste, demain sans culotte, mais toujours le dernier des fourbes !!!...

Eh ! oui, le peuple dira tout cela ! et pourtant le peuple ne sait pas tout encore ! il ne sait pas que trois ans après ta désertion tu machinais à Paris par les mains de vos anciens complices !

Il ne sait pas non plus qu'en 1800 , tu te traînais à Mitteau aux pieds de Louis XVIII, en le suppliant de te pardonner tes motions des Jacobins , ton bonnet rouge , etc. ; il ne sait pas non plus qu'en 1804 tu écrivais à l'évêque de Landaff, *que tu étais anglais, non seulement par reconnaissance, mais encore par goût et par inclination, et que tu priais la providence de déjouer les projet de l'usurpateur Corse contre l'Angleterre, cette Nation magnanime ;* il ne sait pas non plus qu'en 1805 , tu devais entrer *au service de la Suède , contre la France* , que tes équipages étaient déjà partis, mais que la marche gigantesque de Napoléon t'empêcha de rejoindre ; il ne sait pas non plus qu'en 1811 Wellington, las de tes importunités, t'envoya en Espagne où les officiers refusèrent de combattre avec toi , etc., etc.

Il ne sait pas encore les lettres que tu avais l'infamie d'écrire pendant que le peuple trop confiant te donnait 12 millions par an pour le trahir auprès de l'Angleterre, du lieu de laquelle tu méditais déjà ta fuite.

Eh ! bien, aujourd'hui tu le vois, de ces vils courtisans, pas un seul n'est allé te servir en ton exil, pas un n'a voulu partager ton infortune, pourquoi? parce que tu n'avais pas d'amis tu n'avais que des complices.

Conviens avec moi que tu es un bien lâche coquin; car sans parler de tes exploits des 5 et 6 octobre et de tes vociférations de tribune , non plus que de la *jacobinerie et de la sans-culoterie* où tu ne te faufilas que pour les gruger; sans parler encore de ton démagogisme en plein vent, lorsque tu *doublais le beugleur de Saint-Huruge* au coin d'une borne de la rue de Richelieu, d'où plus d'une fois, on vous emporta ivres ; sans parler non plus de ta désertion, de tes espionnages et de tes services à l'étranger, ni de ta campagne à Lyon en 1815, contre Bonaparte,— ni de beaucoup d'autres atrocités que tu n'ignores pas plus que moi, pas plus que tout le monde ; — sans parler de tout cela, dis-je, ne t'a-t-on pas vu sous la restauration faire le chien couchant,

t'affilier au carbonari, *fonder des journaux, our-
dir des conspirations*, *et* POUSSER AINSI DE PAUVRES
DIABLES A L'ÉCHAFAUD, pour TE POUSSER AU
TRONE TOI?... ne t'a-t-on pas vu encore, pour
donner le change à tes parents, sur tes sentiments à leur égard, descendre des grimaceries,
à des simagrées de laquais, avaler sans mot dire,
les couleuvres d'une valetaille? quand tu allais
faire ta cour à celui que tu appelais ton roi? enfin, n'a-t-on pas vu longtemps dans ta maison,
choyées et respectées, — la maîtresse de Louvel
et la Feuchères, deux femmes qui te sont également chères, à des titres différents?...

Mais récapitulons un peu ta vie, et surtout
comparons-en les époques :

— Qui en 89, ameuta le peuple contre
Louis XVI, en insinuant que ce prince voulait
faire égorger la représentation nationale ; — *puisque* la garnison de Versailles forte de *deux régi-
ments* venait d'en recevoir un *troisième ?* C'EST
TON PÈRE, *c'est toi !...* — qui en 1834, se faisait garder par quarante *mille hommes* de troupe
de ligne, et par *deux mille assassins, sous la conduite de Gisquet ?* — C'EST TOI, *sans-culotte !*

— Qui en 89, clabauda le plus fort contre la
bastille, et qui, à la prise de ce château, vomit
le plus d'imprécations contre Louis XVI, parce
qu'on y trouva SEPT PRISONNIERS, y compris M. de

Sade, l'auteur de la féroce *Justine*, *et l'ami de ton père?* — C'EST TOI, DÉMAGOGUE! — Qui en 1840, faisait élever quatorze BASTILLES pour bombarder Paris, qui a fait créneler tous les corps de garde; qui a rempli toutes les prisons de France de détenus politiques, et qui, le 7 *juin* 1852, empoigna QUATRE MILLE PERSONNES? — C'EST TOI, *sans-culotte égalité!*

Qui en 89 fonda le club des enragés dans un des boudoirs infects de ton père? en 91, le club breton, rue Saint-Honoré? qui soutint contre Collot-d'Herbois à la société des Jacobins, que l'âge de réception devait être fixé à dix-huit ans et non à vingt, comme le demandait Collot; et, quel fut le dénonciateur le plus acharné et le plus éhonté du comité d'épuration de cette société? C'EST TOI, CLUBISTE! qui en 1851, 52 et 53 fit assassiner plusieurs jeunes gens de Paris, uniquement parce qu'ils étaient membres de sociétés populaires! C'EST TOI, CLUBISTE ÉGALITÉ!

Qui, après le 10 août 1792, afficha le plus de haine contre la royauté et le plus d'amour pour la république? — C'EST ENCORE TOI, JACOBIN! —qui le premier trahit cette république et tenta de se faire proclamer roi? C'EST TOI TRAITRE ÉGALITÉ!

Qui en 89, 90 et 91 *couvrit la France d'incendiaires et d'assassins*, et livra le pays aux horreurs de la famine? — qui en 92 et 93 sema l'anarchie dans la république , en poussant le peuple à se mettre au-dessus de tous les pouvoirs, de toutes les lois, et qui déchaîna dans les clubs et dans les sections, cette masse de brigands plus révolutionnaires que Legendre et Danton ? Eh ! misérable, c'est ton père, c'est toi ! — Qui en 1831, 32, 33 et 34, prétendit que les républicains ne voulaient la république que pour donner une seconde édition de tes horreurs ? — Encore toi, misérable, toujours toi !

— Qui, en 93, après des efforts inouïs pour s'emparer du pouvoir, tenta, en désespoir de cause, d'égorger la convention et *livra les frontières à l'étranger ?* encore toi misérable, toujours toi ! — Qui en 1830, escroqua la France ? qui en 1831 assomma sur la place de la Bastille ? qui en 1832 massacra au cloître Saint-Méry et noya du haut du pont d'Arcole ? — c'est toi, assassin ! — Et à mille questions de cette sorte, il faut toujours répondre : oui c'est toi, toi Philippe ! toi, ex sans-culotte ! toi, ex-clubiste ! toi, déserteur : toi, mouchard de la sainte alliance ! toi, boucher des Polonais ; toi, bourreau des Piémontais ! etc., etc. ; cent pages d'etc.

Où sont-ils tous ces plats valets de ta plate personne, qui prétendront que ma parole de franchise et de vérité est une parole d'insulte et de mensonges ? où sont-ils tous ces souteneurs

de rois, qui, si la peste leur donnait des sinécu-
res, soutiendraient qu'elle tient son droit de la
nation? qu'ils sortent donc une fois de leur fange,
tous ces reptiles dorés et pensionnés, afin qu'on
puisse bien voir s'ils sont aussi braves qu'ils le
soutiennent !

Ma parole, une parole d'insulte et de mensonges?... Prouve-le : je t'en porte le défi !... Mais
bien loin d'avoir altéré la vérité, ai-je bien tout
dit ?... ai-je bien pu tout dire... Non, non, car
jamais personne n'aura le triste courage de re-
muer tout le fumier de ta vie...

C'est pourtant cette vie toute souillée, toute
dégoûtante de crimes, que tes 219 complices ont
eu l'inconcevable audace de déclarer invulnéra-
ble! comme si des fripons peuvent à leur gré
faire taire la conscience publique! Comme s'il
est donné à qui que ce soit de refouler l'indignation dans le cœur des hommes libres, et de la
rendre muette !!...

Et ce sont toutes ces platitudes, les massacres
de 51 et de 52, la lésinerie, l'avarice que tu
montrais en nous volant après t'être montré si
complaisant si désintéressé avant 1830, mais
personne n'avait donc compris que c'était des bai-
sers de Judas. Aujourd'hui que la colère du peuple si longtemps amassée a enfin éclatée; aux millions d'hommes qui se sont levés que voulais-tu
opposer.

Quand bien même tes institutions seraient
mises en œuvre par un Trajan, par un Louis XII,
par un Henri IV, ou par un Egalité père ou par
son fils ; qu'au lieu d'un Gisquet, d'un Duchâtel, ou d'un Hébert, on ait un Sully, le peuple
n'en sera ni mieux ni plus mal ; ce seraient encore des DÉPUTÉS PROPRIÉTAIRES, qui arrange-
raient, qui voteraient les budgets. —Qui les empêcherait donc de réduire presque à rien l'impôt
foncier, et de tout faire porter, sur les impôts
indirects qui ne frappent que les travailleurs ?—
Qui les empêcherait de prohiber, tous les blés
étrangers pour le plus grand profit des électeurs
et des représentants propriétaires ?— Qui les empêcherait de forcer *dix millions de paysans* à ache-
ter *d'une trentaine de députés millionnaires*, DU
MAUVAIS FER A SIX SOUS LA LIVRE quand il auraient
DU BON FER D'ALLEMAGNE A DEUX SOUS sans le bon
plaisir de ces députés millionnaires ? — Qui les
empêcherait, par exemple, si quelque homme
courageux élevait la voix contre leur duplicité,
leur corruption et leur criantes injustices, de le
précipiter dans un cachot, puisque, ils seraient
JURÉS ET ÉLECTEURS, c'est-à-dire JUGES ET PARTIES
DANS LEUR PROPRE CAUSE ?... etc., etc.

Ainsi donc, tu peux le voir, dès que nous le
voyons tous ; nous n'attendions rien et ne pou-
vions rien attendre de tes institutions, parce que,

comme toi , elles sentaient la fraude et l'immora-
lité !!!...

Mais si un Trajan, un Louis XII, un Henri IV
ne peuvent, avec tes institutions, faire le bien et
empêcher le mal ; en revanche , à quel dévergon-
dage cyniquement monarchique , à quelle bassesses, à quels crimes de toutes sortes enfin ,
pouvait se porter un homme de ton espèce , qui ,
ne respirant que pour le vil intérêt d'argent, est
toujours prêt à tout pour le satisfaire ! Alors , députés , électeurs mouchards , se modelant sur
leur roi , se ruant sur le peuple qu'il regarde
comme une proie légale et constitutionnelle !
Alors toute cette canaille dorée , toute luisante ,
toute cette vermine qui pullule dans le voisinage
des cours , se remue, se tortille , se heurte, se
précipite vers la grande bauge du pouvoir, et in-
trigue , remue , machine , rampe , se cramponne
pour barbotter aux meilleurs endroits ! Alors :
comme dit *Paul Louis Courrier* , *la palme est au
plus rampant , sans distinction de naissance ;*
**ANISI LE VEUT LA CHARTE LE ROI L'A JU-
RÉE !!!**

Un Soult ! le voleur des tableaux de l'Escurial !
un effronté maraudeur dont les rapines ont déshonoré le nom français en Espagne ! Un lâche
tartuffe , un méchant caffard qui, sous la restauration jouait à la chapelle et qui vient de te
renier !!!

Un Guizot! un homme de Gand! le brosseur d'Alexandre et de Platow! un valet de censure! un idéologue de police! un pédant d'antichambre!... qui après avoir été ton domestique depuis 1840, avait servi bassement toutes tes volontés sans se douter le misérable qu'il courrait à sa perte, lorsque tu l'eus sacrifié par force tu voulais le rattacher à un Thiers! un coquin qui refusait du pain à son père! un vendeur d'emplois par le canal de sa maîtresse! voleur comme l'abbé Louis, effronté comme le cardinal Dubois, intriguailleur et bavard comme les Dupin, fourbe comme Fouché, et vil, avili et méprisé comme tes amis Hébert et Duchâtel et ton gargotier de Montalivet!!! Mais si celui la t'a accompagné en Angleterre, ce n'est pas par amitié c'est par peur.

Voilà cependant tes principaux plastrons!... c'est pourtant avec l'aide de ces hommes tarés, véreux, galeux, que tu t'étais fourré dans l'esprit de nous asservir! mais ignorais-tu donc que tous ces filous chamarrés de croix, te renieraient au jour du danger comme ils ont renié leurs anciens maîtres; comme toi, tu as renié tes parents, ton drapeau, tes principes, Lafayette? mais pour mener à fin tes liberticides projets, tu comptais peut-être aussi sur l'armée? — TOI! COMPTER SUR L'ARMÉE? Eh! qui es-tu, toi, pour oser compter sur elle? Qui y avait-il de commun entre elle et

toi? entre la fidélité du soldat français à son drapeau , et ta lâche, ton odieuse désertion de 95 ?...
Tu oserais compter sur l'armée? — Mais t'appel-
lais-tu *Hoche, Desaix , Kléber* ou *Bonaparte ?* —
Tu t'appelles : LE DÉSERTEUR ÉGALITÉ! Voilà
sous quel nom l'armée te connaîtrait, l'as-tu
d'ailleurs jamais conduite au chemin de l'hon-
neur, cette armée ? A-t-elle sous tes ordres se-
couru ses vieux frères de Pologne, dispersé les
commissions militaires du Piémont , abattu les
potences d'Italie et renversé les gibets du Portu-
gal? — Non, mais en revanche tu l'as avilie ; tu
l'as prêtée à l'Angleterre ! tu l'as prêtée à Don
Pedro ! tu l'as fait gendarme à Ancône , tu l'as
établie en tirailleur dans les rues de Grenoble,
de Paris, de Tarascon ! tu l'as fait entrer à Lyon,
mèche allumée ! tu l'as fait l'assassin de ses frères !!!... Et dernièrement encore tu voulais la
forcer à mitrailler la garde nationnale.

Eh bien ! Philippe, T'ai-je assez prouvé qu'à
toutes les époques de ta vie tu fus un fourbe, un
faux, un hypocrite ! un fripon, si parfaitement
consommé, si excellemment impudent, si sor-
didement intéressé, si fort méprisant tout autre
intérêt que le tien, et si accoutumé aux voies les
plus tortueuses et les plus souterraines, que les
serpens ne pourraient être d'un plus dangereux
commerce? T'ai-je assez prouvé que toutes les

horribles catastrophes de notre révolution sont ton horrible ouvrage et celui de ton père? Que pour miner la puissance de Louis XVI, aucun crime, quelqu'affreux qu'il fût, ne vous coûta ni ne vous arrêta? que votre famine de 89, vos incendies des magasins de farines et des bateaux de blés ; vos assassinats de boulanger ; ceux de Châtel ; et de Pinet et de milliers d'autres ; vos aboyeurs de tribunes et de coin de rues ; vos distributions d'argent; vos clubs, le sac de la maison Réveillon ; etc., etc. , furent les épouvantables moyens par lesquels vous cherchâtes à enjamber le trône?

Acculé, mis à bout de voie et d'impostures sur cette première époque de ta vie, t'ai-je moins bien prouvé et démontré que ta vie de sans-culotte fut le comble de l'abjection, de l'audace et de la scélratesse? Qu'y débutant par la profanation de ton nom, tu la clotûras par la plus infâme et la plus odieuse trahison? que te faufilant dans les clubs, dans les sections, dans les tribunes, là, tu faisais d'abominables motions pour plaire à la lie du parti jacobin : ici, tu applaudissais avec rage à un arrêt de mort ? que copiant bassement et servilement *Crassus, Pompée et César*, tu t'appliquas constamment à introduire et à nourrir l'anarchie dans la république ; à la couvrir de ruine ; à dégouter le peuple de son pouvoir, et à rendre extrêmes les inconvénients du gouvernement républicain? Que ne pouvant combattre les principes, tu t'efforças de les corrompre, et que, déclamant sans cesses et partout contre les tyrans, tu conspiras sans relâche pour la tyrannies, soit en organisant des bandes d'assassins pétitionnaires, soit en achetant à prix d'argent des conventionnels et des généraux d'armée; en avilissant le monnaies, en interceptant la circulation des denrées, en ruinant le commerce, en accaparant les objets de première nécessité, etc.? Enfin, que haletant de recueillir le fruit de tes crimes, tu lanças ton manifeste et posas roi, de par Dumourier; mais qu'aussi lâche quffronté, bien loin de marcher sur Paris et sur la convention comme tu l'en menaçais par ton ukase, tu n'eus que le royal courage de déserter avec *armes, bagages et caisses de paiements* traînant à ta suite, au camp autrichien, quatre représentants du peuple qui, en son nom, venaient te demander compte de ton infâme conduite?...

Voilà cependant ta vie ; toute ta vie ! telle qu'elle est écrite partout, en lettre de boue et de sang ! telle que tu l'as faite, toi-même, toi Philippe, toi vil et méprisable apostat, toi applaudisseur et complice du meurtre de ta parente Mme. de Lamballe; toi double du beugleur Saint-

Huruge, toi émetteur de faux assignats, toi ex-jacobin, ex-cordelier, ex-fondateur du club des enragés, ex-sans-culotte, ex-républicain, ex-soldat du roi de Suède, ex-fabricateur de proclamations en Espagne contre les Français ; toi déserteur ? — Oui ! voilà bien ta vie ! vie digne en tout de celle de ton père ; car toi et lui, cela fait une paire de scélérats bien digne d'être accouplés, bien dignes de se louer l'un l'autre, et d'être abhorrés du reste des hommes !!!

www.ingramcontent.com/pod-product-compliance
Lightning Source LLC
Chambersburg PA
CBHW051353050726
47595CB00006B/2542